Made in the USA
Middletown, DE
25 January 2023

23090375R00061